AF479934

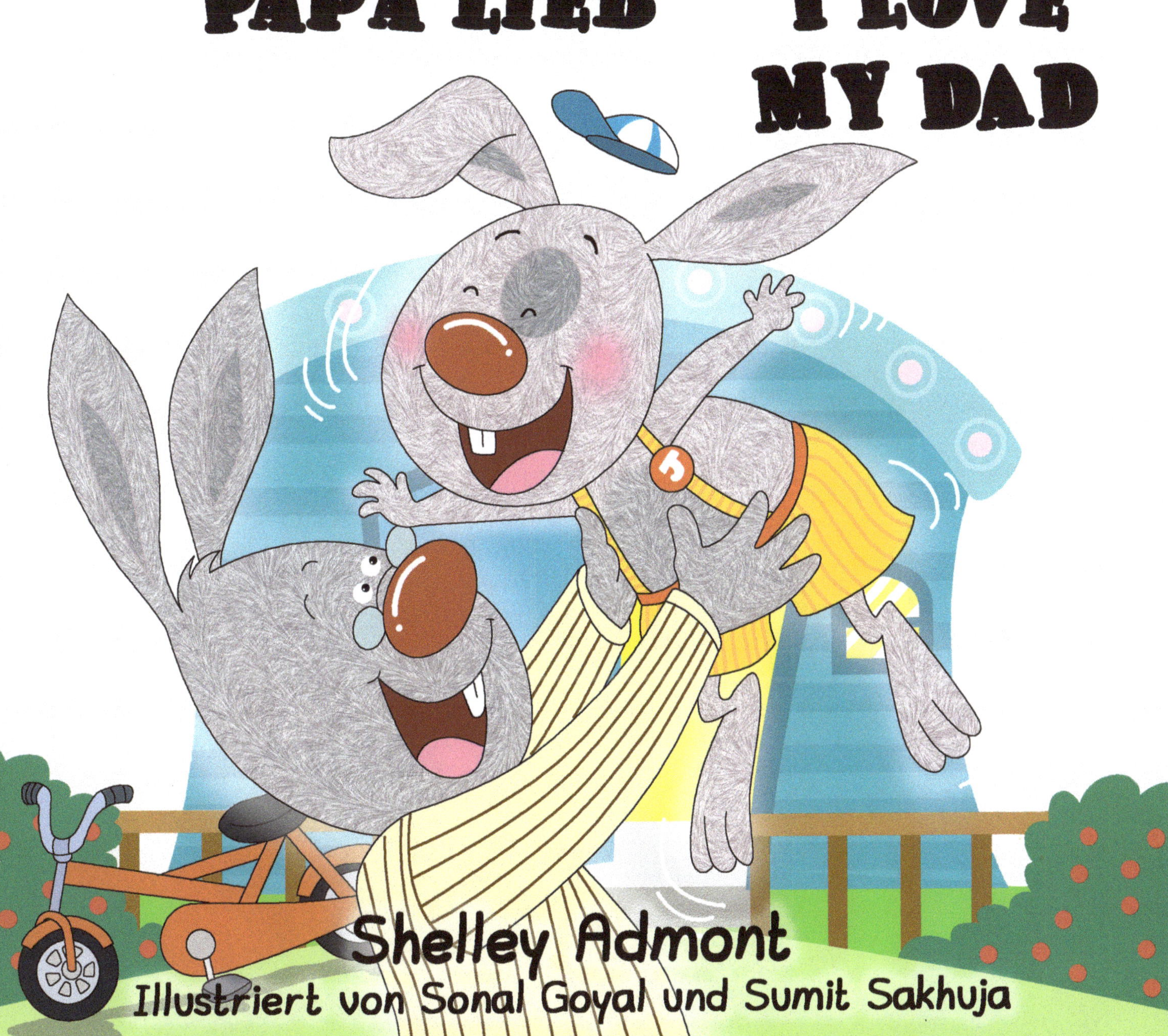

ICH HABE MEINEN PAPA LIEB   I LOVE MY DAD
Shelley Admont
Illustriert von Sonal Goyal und Sumit Sakhuja

S.A.
Publishing

fur die, die ich am meisten liebe-S.A.

for those I love the most- S.A.

Eines Tages im Sommer fuhren Jimmy, der kleine Hase, und seine zwei älteren Brüder gerade mit ihren Fahrrädern. Ihr Papa saß im Garten und las ein Buch.

One summer day, Jimmy the little bunny and his two older brothers were riding their bicycles. Their dad sat in the backyard, reading a book.

Die zwei älteren Häschen lachten laut, als sie um die Wette fuhren. Jimmy versuchte, sie auf seinem Rad mit Stützrädern einzuholen.

The two older bunnies laughed loudly as they raced. Jimmy tried to catch up on his training wheel bike.

„Hey, wartet auf mich! Ich will auch mit um die Wette fahren!", rief er. Aber seine Brüder waren zu weit weg und sein Fahrrad war zu klein.

"Hey, wait for me! I want to race too!" he shouted. But his brothers were too far away and his bike was too small.

Bald kehrten seine Brüder zurück. Sie kicherten um die Wette. „Das ist nicht fair", schrie Jimmy. „Ich will auch mit euren großen Fahrrädern fahren."

Soon his brothers returned, giggling to each other. "It's not fair," screamed Jimmy. "I want to ride your big bikes too."

„Aber Jimmy, du bist zu klein", sagte sein ältester Bruder.

"But Jimmy, you're too small," said his oldest brother.

„Und du weißt nicht mal, wie man ohne Stützräder fährt", sagte sein mittlerer Bruder.

"And you don't even know how to ride a two-wheeler," said the middle brother.

„Ich bin nicht klein!", schrie Jimmy. „Ich kann alles machen, was ihr könnt!"

"I'm not small!" shouted Jimmy. "I can do everything you can!"

Er rannte zu seinen Brüdern und schnappte sich eines der Fahrräder. „Schaut nur her!", sagte er.

He ran to his brothers and grabbed one of the bicycles. "Just watch!" he said.

„Sei vorsichtig!", rief sein ältester Bruder, aber Jimmy hörte nicht hin.

"Be careful!" yelled his oldest brother, but Jimmy didn't listen.

Er versuchte, auf das große Fahrrad zu klettern und schwang ein Bein darüber.

Throwing one leg over, he tried to climb the large bike.

In diesem Moment verlor er das Gleichgewicht und stürzte zu Boden, mitten in eine Schlammpfütze.
At that moment, he lost his balance and crashed on the ground, directly into a mud puddle.

Seine beiden Brüder brachen in Gelächter aus.

His two older brothers burst out laughing.

Jimmy sprang auf und wischte seine schlammigen Hände an seiner schmutzigen Hose ab.

Jimmy jumped on his feet and wiped his muddy hands on his dirty pants.

Das brachte seine Brüder nur noch mehr zum Lachen.

This just caused his brothers to laugh more.

„Entschuldige, Jimmy", sagte sein ältester Bruder lachend. „Es ist einfach zu lustig."

"Sorry, Jimmy," said the oldest brother in between laughter. "It's just too funny."

Jimmy hielt es nicht mehr aus. Er gab dem Rad einen Tritt und rannte mit tränenüberströmtem Gesicht nach Hause.

Jimmy couldn't stand it anymore. He kicked the bike and ran home with tears streaming down his face.

Papa beobachtete seine Söhne vom Garten aus. Er klappte sein Buch zu und ging Jimmy entgegen.

Dad watched his sons from the backyard. He closed his book and went towards Jimmy.

„Was ist denn passiert, mein Kleiner?", fragte er.

"Honey, what happened?" he asked.

„Nichts", grummelte Jimmy.
"Nothing," grumbled Jimmy.

Papa lächelte und sagte ruhig: „Ich weiß, was dich zum Lachen bringen kann…"

Dad smiled and said quietly, "I know what can make you laugh…"

„Nichts kann mich jetzt zum Lachen bringen", sagte Jimmy und verschränkte seine Arme.

"Nothing can make me laugh now," said Jimmy, crossing his arms.

„Bist du sicher?", sagte Papa und begann, Jimmy zu kitzeln, bis er lächelte.

"Are you sure?" said Dad and began to tickle Jimmy until he smiled.

Dann kitzelte er ihn so sehr, dass Jimmy anfing zu kichern.

Then he tickled him so much that Jimmy started giggling.

Sie rollten im Gras herum und krabbelten sich, bis sie beide laut lachten.

They rolled on the grass, tickling each other until they both laughed loudly.

Noch mit Schluckauf von seinem Lachanfall sprang Jimmy auf Papas Schoß und umarmte ihn fest.
Still hiccupping from his hysterical laughter, Jimmy jumped on Dad's lap and hugged him tight.

„Ich habe zugeschaut, wie du mit deinem Fahrrad gefahren bist", sagte Papa und drückte ihn.

"I was watching you ride your bike," said Dad, hugging him back.

„Und ich glaube, du bist bereit, ein Fahrrad ohne Stützräder zu fahren."

"And I think you're ready to ride a two-wheeler."

Jimmys Augen leuchteten vor Aufregung. „Wirklich? Können wir jetzt gleich anfangen?" Er sprang auf. „Bitte, bitte, Papi!"

Jimmy's eyes sparkled with excitement. He jumped on his feet. "Really? Can we start now? Please, please, Daddy!"

„Jetzt musst du erst mal baden", sagte Papa lächelnd. „Wir können gleich als Erstes morgen früh anfangen zu üben."

"Now you need to take a bath," said Dad smiling. "We can start practicing first thing tomorrow morning."

Nach einem langen Bad und einem Familienabendessen ging Jimmy ins Bett. In dieser Nacht konnte er kaum schlafen.

After a long bath and a family dinner, Jimmy went to bed. That night he could barely sleep.

Er wachte immer wieder auf, um zu schauen, ob es schon Morgen war. Sobald die Sonne aufging, rannte er zum Schlafzimmer seiner Eltern.

He woke up again and again to check if it was morning. As soon as the sun rose, Jimmy ran to his parents' bedroom.

Jimmy schlich auf Zehenspitzen zu ihrem Bett und schüttelte seinen Vater ein wenig.

Jimmy tiptoed towards their bed and gave his father a little shake.

Papa drehte sich einfach auf die andere Seite und schnarchte friedlich weiter.

Dad just turned to the other side and continued snoring peacefully.

„Papi, wir müssen gehen", murmelte Jimmy und zog seine Decke weg.

"Daddy, we need to go," Jimmy murmured and pulled off his covers.

Papa schnellte empor und riss seine Augen auf. „Ah? Was? Ich bin soweit!"

Dad jumped and his eyes flew open. "Ah? What? I'm ready!"

„Pssst.....", flüsterte Jimmy. „Weck niemanden auf!"

"Shhhh..." whispered Jimmy. "Don't wake anybody."

Während der Rest der Familie noch schlief, putzten sie sich die Zähne und gingen hinaus.

While the rest of the family was still sleeping, they brushed their teeth and went out.

Als Jimmy die Tür öffnete, sah er sein orangefarbenes Fahrrad in der Sonne glänzen. Die Stützräder waren ab.

As he opened the door Jimmy saw his orange bike, sparkling in the sun. The training wheels were off.

„Danke, Papi!", schrie er, als er zu seinem Rad rannte.

"Thank you, Daddy!" he shouted as he ran to his bike.

Papa zeigte ihm, wie man aufsteigt und in die Pedale tritt.

Dad showed him how to mount it and how to pedal.

„Lass uns Spaß haben!", sagte er und setzte
einen Helm auf Jimmys Kopf.

Let's have some fun!" he said, putting a
helmet on Jimmy's head.

Jimmy atmete tief ein, bewegte sich aber nicht.

Jimmy took a deep breath, but didn't move.

„Ähm....", murmelte Jimmy mit zitternder Stimme. „Ich...ich habe Angst. Was, wenn ich wieder hinfalle?"

"Umm..." mumbled Jimmy, his voice shaking. "I'm...I'm scared. What if I fall again?"

„Mach dir keine Sorgen", ermutigte ihn sein Papa. „Ich bleibe nahe bei dir, um dich zu fangen, wenn du fällst."

"Don't worry," reassured his dad. "I'll stay close to catch you if you fall."

Jimmy hüpfte auf sein Fahrrad und begann, langsam in die Pedale zu treten.

Jimmy hopped on his bike and began pedaling slowly.

Als das Rad sich nach rechts neigte, lehnte Jimmy sich nach links.

When the bike tipped to the right, Jimmy leaned to the left.

Manchmal fiel er hin, doch er gab nicht auf - er versuchte es immer wieder.

Sometimes the little bunny fell down, but he didn't give up – he tried over and over again.

Jeden Morgen übten sie zusammen.

Morning after morning they practiced together.

Papa hielt ihn fest, während Jimmy schwankte und letztendlich lernte das kleine Häschen, schnell zu strampeln.

Dad held on while Jimmy wobbled, and eventually the little bunny learned to pedal fast.

Dann, eines Tages, ließ Papa los und Jimmy konnte ganz allein radeln, ohne auch nur einmal hinzufallen!

Then one day Dad let go and Jimmy could ride all by himself without falling even once!

Papa lächelte. „Jetzt, da du weißt, wie man fährt, wirst du es nie wieder verlernen."
Dad smiled. "Now that you know how to ride, you'll never forget it."

„Und ich kann auch um die Wette fahren!", schrie Jimmy.

"And I can race too!" exclaimed Jimmy.

An diesem Tag fuhr Jimmy mit seinen Brüdern um die Wette.

That day Jimmy raced with brothers.

RATET MAL, WER DAS RENNEN GEWONNEN HAT!

GUESS WHO WON THE RACE?